Q 文库

怎样才能写好文章?

苦手から始める作文教室

[日]津村记久子 / 著
马文赫 / 译

贵州出版集团
贵州人民出版社

NIGATEKARA HAJIMERU SAKUBUN KYOSHITSU by Kikuko Tsumura
Illustrated by Chikako Suzuki
Copyright © Kikuko Tsumura, 2022
Original Japanese edition published by Chikumashobo Ltd.
This Simplified Chinese edition published by arrangement with Chikumashobo Ltd., Tokyo, through Tuttle-Mori Agency, Inc.
Simplified Chinese translation copyright © 2024 by United Sky (Beijing) New Media Co., Ltd.
All rights reserved.

图书在版编目（CIP）数据

怎样才能写好文章？/（日）津村记久子著；马文赫译. — 贵阳：贵州人民出版社，2024.1（2024.5 重印）
（Q 文库）
ISBN 978-7-221-18170-1

Ⅰ.①怎… Ⅱ.①津… ②马… Ⅲ.①作文课 - 中学 - 教学参考资料 Ⅳ.① G634.343

中国国家版本馆 CIP 数据核字 (2023) 第 255702 号

ZENYANG CAI NENG XIE HAO WENZHANG？
怎样才能写好文章？
[日] 津村记久子 / 著
马文赫 / 译

| 选题策划 | 轻读文库 | 出 版 人 | 朱文迅 |
| 责任编辑 | 陈丽梅 | 特约编辑 | 邵嘉瑜 |

出　　版　贵州出版集团　贵州人民出版社
地　　址　贵州省贵阳市观山湖区会展东路 SOHO 办公区 A 座
发　　行　轻读文化传媒（北京）有限公司
印　　刷　北京雅图新世纪印刷科技有限公司
版　　次　2024 年 1 月第 1 版
印　　次　2024 年 5 月第 2 次印刷
开　　本　730 毫米 × 940 毫米　1/32
印　　张　3.625 印张
字　　数　62 千字
书　　号　ISBN 978-7-221-18170-1
定　　价　25.00 元

关注轻读

客服咨询

本书若有质量问题，请与本公司图书销售中心联系调换
电话：18610001468
未经许可，不得以任何方式复制或抄袭本书部分或全部内容
© 版权所有，侵权必究

目录

第 1 章　作文里到底该写什么好呢？　　　　　　　1
虽然是小说家，但不擅长写文章？　　　　　　　　　3
试着把想讲给朋友听的事写下来　　　　　　　　　　5
什么都可以是作文的主题　　　　　　　　　　　　　6

第 2 章　写作文有什么好处？　　　　　　　　　　11
比起作文，SNS 上的"赞"更有价值？　　　　　　　13
谁也不会读的文章有价值吗？　　　　　　　　　　　14
虽然不给别人看，但因为想了很多次才写下来的事情　16
试着把脑海里一闪而过的事情写成文章　　　　　　　17

第 3 章　作文该怎么写才好呢？　　　　　　　　　21
即使没发生什么特别的事，也可以马上写出来的东西　23
怎样展开话题？　　　　　　　　　　　　　　　　　25
试着写写感觉好像能写点什么的事　　　　　　　　　27
彻底思考喜欢的事　　　　　　　　　　　　　　　　28

I

第 4 章 做笔记吧　　　　　　　　　　　　　　33
想到了什么的话就记个笔记　　　　　　　　　　35
该怎么做笔记呢？　　　　　　　　　　　　　　36
总之，要随心所欲地多多做笔记　　　　　　　　38
支撑心灵的笔记　　　　　　　　　　　　　　　40

第 5 章 试着开始写吧　　　　　　　　　　　45
开头很难写吗？　　　　　　　　　　　　　　　47
开头 "我的房间里有果蝇"　　　　　　　　　　48
如何写出像开头一样的句子？　　　　　　　　　49
试着从第零句开始写吧　　　　　　　　　　　　51
作文示例 1　　　　　　　　　　　　　　　　　53

第 6 章 传达信息的文章是什么样的？　　　55
写清信息要素　　　　　　　　　　　　　　　　57
什么是必要的信息？　　　　　　　　　　　　　58
实感很重要　　　　　　　　　　　　　　　　　59
真实中蕴含着光芒　　　　　　　　　　　　　　61

第 7 章 为什么要写感想？　　　　　　　　65
从感想开始写起吧　　　　　　　　　　　　　　67
对某件事抱有感想　　　　　　　　　　　　　　68
读后感要这样写　　　　　　　　　　　　　　　70
成为了解自己的线索　　　　　　　　　　　　　72

第 8 章 如果想把文章写得更好　　　　　75
我的修改方法　　　　　77
如何写出更好的文章？　　　　　79
反复读和写　　　　　81
珍视喜欢的感觉　　　　　82

第 9 章 作文有正确答案吗？　　　　　85
什么样的作文才是好作文？　　　　　87
试着深入探究"好作文"　　　　　88
"开心"和"有趣"是不同的　　　　　89
"常有的事"有趣的原因　　　　　91
把真实的事变有趣的方法　　　　　93
作文示例 2　　　　　95

读书的理由　　　　　97
我和书的相遇　　　　　99
文字书与漫画、动画的不同之处　　　　　102
选书的自由，有书可读的自由　　　　　103

第1章

作文里到底
该写什么好呢?

虽然是小说家，
但不擅长写文章？

首先，我想做个自我介绍。我的职业是小说家，我的名字是津村记久子，出生于1978年。虽然不知道这篇文章什么时候才会被人读到，不过，请你想象一下，大概就是一个40多岁、不到50岁的戴眼镜的中年女人在写这篇文章。2021年写下这篇文章时，我43岁，从27岁获得小说奖项后被冠上"小说家"的名头开始，至今16年的时间里，我一直从事以小说为主的写作工作。

我从沉迷绘本的幼儿园大班的年纪开始，就想成为创作这种东西（绘本）的人，也就是想成为作家。虽然后来也出现了想成为田径短跑选手、想成为老师、想成为插画师等想法，但大部分时间里我都想成为作家（小说家）。现在虽然可以说是大体实现了这个梦想，但我还是会不知道该写什么，还是会苦恼到底该怎么写才好。而且，因为现在的我还远远算不上是自己"想要成为的小说家"，所以即使已经是小说家了，也时常会想"好想成为小说家啊"。我所谓的"想要成为的小说家"，应该是不用烦恼，能够轻松地写文章的人。

小说家的工作，首先是写文章，然后是把写出来的文章给人看。说到小说家写文章，大家可能会有这样极端的印象：要么一脸愁容地对着稿纸苦思冥想，要么一脸云淡风轻地敲键盘，但实际上基本和在学校的作文课上写文章没区别。就像大家在语文课上听到老师提出"请写写××""请随便写点什么"之类的要求后，动笔写作文一样，小说家也是接到"请写写××""请随便写点什么""请写个故事出来"之类的要求以及交稿期限之后，根据要求来写文章的。因此，小说家写作，其实和大家在作文课上写作文没什么不同。顺便说一句，这篇文章就是因为出版社跟我说"请在2月中旬的时候写一篇关于作文的文章"才写的。

还有，身为靠写作谋生的人，说这话可能有点奇怪，但是我对写文章，或者说写作这件事，也是一年比一年头疼。我觉得既没什么内容可写，也不想去写，甚至压根就不会写。每次我都不知道该怎么写，也没什么想写的东西。即便如此，我还是要写文章，非要说明理由的话，我只能说"因为这是我的工作"。

虽然我已经不记得小学的时候都写过些什么了，但那时候因为经常被表扬，所以很来劲地写了很多。而这样的人到了43岁，终于和不擅长写作的大家一样，也变得不擅长写作了。

试着把想讲给朋友听的事写下来

现在最让我头疼的事之一,就是收到"请随便写点什么"这种要求。我想大家也是,很多人听到老师这么说就头疼吧。虽然有想讲给朋友听的事,但没有什么想特意写进作文里的东西。真的有什么想说的事的话,与其那么费力地写进作文里,还不如讲给朋友听。因为这样做的话,朋友就会针对我说的事给予回应,我也会接着对方的话继续说自己的观点,这比自己一个人写作文有意思多了。不妨把这当作是对"请随便写点什么"这种要求的提示,如果收到这样的要求,就写写"想讲给朋友听的事"或者"给朋友讲过的事"不就行了吗?

举例来说,我经常跟朋友们讲:"我觉得现在住的房子的房租太贵了,从去年10月搬到这儿以后,我零食都只买PB[1]和美味棒[2]了。"如果被要求"请随便写点什么",那我就会把这些写进去。然后,如果还想在最后加上一个类似结尾的东西,可以写写自己

---

1 PB:Private Brand(自有品牌)。便利店和超市会出品各种自有品牌的食品。零食一般是委托其他零食厂商制作之后放在店里销售。自有品牌的零食价格会低一点。(本书脚注如无特殊说明,均为作者原注。)
2 美味棒:一种日本零食,用粟米粉制成,以盐、糖、味精调味,有多种口味,售价10日元(约折合人民币0.6元),被视为廉价国民零食的代表。(编者注)

对这件事的感受和评价,用"虽然过了五个月只有商超自有品牌和美味棒的生活,但我并没有什么不满。日本的零食制造水平很高呢",或者"已经习惯PB和美味棒的价格了,现在我看那些200日元左右的零食都觉得是高级货了"之类的话来收尾。

但是,如果只有这些内容,那么写完"因为房租太贵,所以只能吃PB和美味棒,但是也并没有什么不满"这样两行,文章就结束了。在写作文的时候,必须在"因为房租太贵,所以只能吃PB和美味棒"与"但是也并没有什么不满"之间填上各种各样的内容,才能达到老师要求的"写点什么"的字数。那么,我们该怎么挑选"各种各样的"内容呢?

什么都可以是作文的主题

先说结论,只要是与"房租""零食""PB""美味棒"相关的内容,写什么都可以。当然,写这些话题以外的内容也可以,思维优秀的人、作文好的人,无论怎么跑题,最后都能很好地着陆。不过就像前面说的,我的作文现在是越写越差了。以这篇文章的走向来说,写完"因为房租太贵,只能吃PB和美味棒"这个开头之后,就可以针对"房租""零食""PB""美味棒"这几个话题继续展开,如果用登山来比喻的话,可以说这种写法就是初学者路线。

这是一条安全、保险的路线。而写这些话题之外的内容，我认为是中级和高级玩家才可以尝试的路线。

把作文比作登山来说的话，只要能从山脚抵达山顶[3]，走哪条路线都可以，还可以从悬崖攀上去，也可以用直升机飞到山顶再从吊着的悬梯着陆。掌握了要领的人可以尽情去尝试，但是如果因为选了难度太大的方法，导致进行不下去而想放弃的话，那对写作文的人来说就太悲哀了，所以我建议先选择初学者路线。

选择了初学者路线之后，我想在"因为房租太贵，所以只能吃PB和美味棒"与"但是也并没有什么不满"之间，把可能会写的内容分条列出。

- 迄今为止吃过的零食的价位。（零食）
- 自己喜欢的玉米浓汤味经常售罄。（美味棒）
- 美味棒的包装袋内侧总是粘着很多美味粉，扔垃圾前要清洗干净很费劲，但即使这样也要买。（美味棒）
- 买PB的时候一定要看看包装背面写的"制造商"，如果是知名企业，就会想"他们业务范围很广啊"；如果是没听过的公

3　其实也可以说只要能从山脚出发的话，怎样都可以。关于这一点，我会在之后的章节中说明。

司，则会想"趁此机会记住他们吧"。（PB）

虽然前面说了"房租"也是初学者路线的内容，但是我不想谈房租的事，还是想多谈谈美味棒。所以我想，这篇文章里我就坦诚地写好关于美味棒的内容就可以了。那么，关于我每天吃的零食的这篇作品，写作的顺序如下：

1. 因为房租太贵，零食只吃PB和美味棒。
2. 虽然喜欢玉米浓汤味，但这个口味的美味棒经常售罄。
3. 美味棒吃完之后，扔垃圾之前清洗包装袋很费事。
4. 但是因为我很喜欢美味棒，所以也并没有什么不满。

大概就是这种感觉。然后就写写"为了买到玉米浓汤味做了哪些努力""如果没有玉米浓汤味了怎么办""洗包装袋的时候到底有多麻烦"等细节，在描写这些细节的过程中，稿纸就会被渐渐填满。

我喜欢思考关于美味棒的事，所以做了以美味棒为主线的作文大纲。喜欢谈房租的人，或者对PB有更多想说的话的人，写自己想写的内容就好了。

也许有人会对我说的感到抗拒，觉得"作文里写

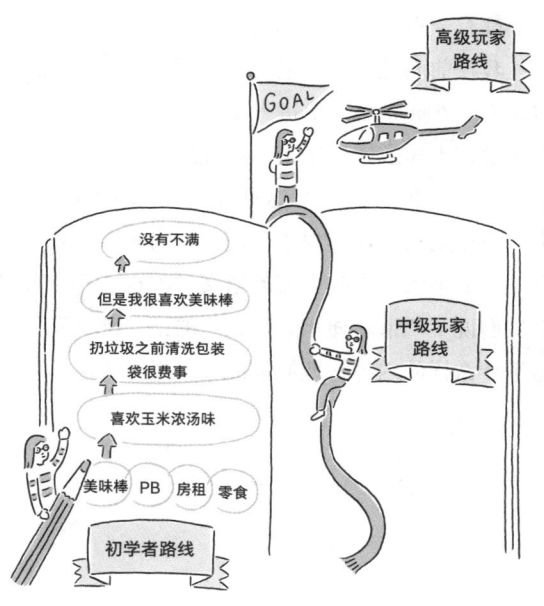

什么美味棒啊"。但是,我中学时期的获奖作文里写的内容是"在外面点的咖喱比想象中更辣,所以之后上的布丁吃起来比平时美味好几倍,感觉很幸福",和写美味棒没什么不同。迄今为止,我在课堂上因为作文写得好而被表扬的经历,好像没有一次是因为写了关于友情,关于努力,关于社团活动的成果,关于美好的邂逅等"冠冕堂皇"的内容。大概都是写咖喱和布丁的搭配,还有每天早上走过人行横道时绿灯一闪就很着急,但因为总是来得及走到对面,所以每天早上都有一点小窃喜之类的内容。

  我在前面说过,如果有想对朋友说的话,就可以写作文。在此基础上更进一步,把想对朋友说但又没办法说,不知道该说还是不该说的事情写进作文里也不错。你可能会想,写这些东西有意义吗?但我认为,只要是从写作者内心浮现出来的东西,就有写的意义。从学生手里收作文的语文老师也一样:如果跟学生们说了"请随便写点什么"的话,那么不管学生写了什么样的内容,他们都应该可以接受。

第2章

写作文有什么好处?

比起作文，
SNS[4]上的"赞"更有价值？

写到这里，我想可能有人会提出"可是，把想讲给朋友的事特意写成作文又能怎么样"这样的问题。说到底，如果朋友愿意听的话，讲给朋友听就好了；就算朋友不愿意听，发到SNS上不就行了嘛。这样的话，总会有人愿意转发或者点赞的吧，这样不是更好吗？

的确，这样更好，感情上也更能得到满足，我也是这么想的。不过，是否真的能如你所愿得到回应，或者被点赞？不能对朋友说，但是有话想说，那么发到SNS上的话，也许会有人和我产生共鸣，也许会有人给我点赞，也许会有人给我留言说"我也这么觉得"……抱着这样的期待去SNS上投稿，如果谁也没和自己产生共鸣呢？如果得不到能让自己满意的"赞"的数量怎么办？

如果我那篇关于美味棒的文章遭遇这种事，我可能会觉得很伤心，接下来一段时间都会远离美味棒了。美味棒什么都没做错，错的只是我的这种期待。

因为关于美味棒的文章没被人点赞，所以远离美味棒，仔细想想，这其实是一种很奇怪的心态。但想

---

4 即 Social Network Site 的缩写，社交网站。

到会有"因期待落空（没有得到点赞）而迁怒于美味棒""看到美味棒就会想起期待落空的事，所以暂时不想看到它了"之类的心情，这种心态也就没那么奇怪了。如果出现这种期待落空的情况，好不容易努力写了自己最喜欢的美味棒的文章，却让自己因为这些外在原因而远离了美味棒，实在是一种损失。

当然，也可能出现和上面说的这种情况完全相反，即发出来之后文章爆火的情况。不过，爆火需要运气，想刻意迎合热点，也需要相应的技术和研究。很遗憾，我对此一窍不通。

谁也不会读的文章有价值吗？

那么，那些点赞数没有达到预期的文章、不火的文章，以及原本就不是写给别人看的文章，就完全没有价值吗？在我看来，完全没有那回事。说到底，只要是因为"想写"而写出来的文章，就具有充分的意义和价值。

首先，未来的自己会读。如果是被老师要求写的作文，那么老师也会读。自己读有什么用啊！也许有人会这么想，但人是一种会逐渐忘记自己想法的生物。我可能是特别健忘的人，重读自己过去的文章时，经常会感慨"原来当时是这么想的啊"。而且，怎么说呢，偶尔也会从过去的文章中得到些许安慰。

有时也会想：原来会思考这种事情的不止我一个人啊。即使那是过去的自己，但此时此刻也和我拥有同感，所以我想我们应该更慎重地去思考。

把思考的内容整理成文章，即使只有自己会读，也能让人心情舒畅。对我来说尤其如此，我脑子里一团糨糊，本来就很难记住什么事情。像是明天的工作安排，哪个点心是在哪家超市卖的，做釜玉乌冬面的步骤，还有本季J联赛[5]的排名……去记这些事已经把我的脑子占得满满的了。那些"突然浮现在脑海中的事情"和"正在思考的事情"，我的大脑几乎没有可以收纳它们的空间，于是转头就忘记了。

但是，过了几天以后，之前想到的事又会在心头浮现。因为只有模模糊糊的印象，抓不住重点，所以人就会有种像着急上厕所一样焦急的心情。有些想法不知道该不该对朋友说，它们会随着时间的流逝而消失，但几天后又会复活，继续琢磨这些念头，试着把它们写成文章，这样做有什么价值呢？我想，至少是有和想上厕所的时候去厕所一样的价值吧。像这样，把模糊浮现出来的想法，用文章的形式去总结，把自己之前的想法说给自己听，就像想上厕所时马上就找到了厕所一样，可以立刻让自己的心情变得畅快。

5　　J联赛：日本职业足球联赛。

虽然不给别人看，
但因为想了很多次
才写下来的事情

在这里，作为示例，我想就"虽然不给别人看，但因为想了很多次才写下来的事情"来写点东西。

> 关于霸凌
>
> 我想，就算世上绝大多数人都是不在乎别人的痛苦、觉得只要自己好就行了、以自我为中心的追求利益的人，也应该认为尽可能消除霸凌为好。霸凌不仅会在发生的当下，而且在结束之后也会对受害者的人生持续造成影响。有些人因为上学时被欺负，于是在成年后犯下大案。虽然其背后一定存在更复杂的原因，但上学时遭受霸凌的经历会成为危害社会的动机，这一点是显而易见的。"被霸凌的历史"有可能成为通往"对社会造成危害"的桥梁。说得更严重一点，这是"给危害社会的行为提供借口"。
>
> 所谓"社会危害"，说白了就是"损失"，这是追求利益的人最讨厌的东西。这么说吧，如果是擅长与他人共情的人，对曾经是霸凌受害者的人犯下的案件，就会抱有"如果这样做

是因为被霸凌过，那多少也能理解"的想法，但只考虑自己利益的人，对这种"损失"只会感到愤怒，所以他们其实会比善于共情的人遭受更多"损失"。

因此，那些最讨厌"损失"、只考虑自己利益的人，那些即使他人受到伤害也无所谓的人，单纯从利益的层面来看，也该赞同应该尽可能消除霸凌吧？

我自己也觉得这个想法有点危险，所以还没有告诉任何人。设想"只对追求利益感兴趣的人"时就觉得很讽刺（世上尽是这样的人哪），也没有什么数据支撑。我只是想到了"不考虑他人感受、只考虑自己得失的人，也有可能成为霸凌事件的间接受害者"，所以才写了下来。

试着把脑海里一闪而过的事情写成文章

为了把这篇文章写成工作中能用的文章，有必要认真调查让自己产生这种想法的案件的相关新闻，以便在文章中给出扎实的依据。我之所以还没有在工作中针对这个想法写过文章，就是因为还没有进行过充分思考，所以没有自信去写，而且思考这个问题会让人心情非常低落。不过无论如何,我也想把自己的想法好好地表达出来。所以,每当这个想法从脑海中一闪而过,我就会赶快用文字将它整理出来,写成作文。

其实,我觉得不去特意整理成文章也没关系,就写"因为思考了很多次,所以产生了这种想法"也可以。如果要多花些心思,每次有了想法的时候拿便笺做个笔记也就可以了,只不过,用作文的形式把自己的想法整理一下,会让思路变得更清晰。因为这样可以把思考的事情整理出顺序,也可以说是变得"条理分明"。

请试着从视觉层面来思考一下。请把以下所说的"纸"理解为"思考"。"(记录了脑海中浮现的事情的)笔记"是一张张分散的纸。你也不知道哪张是第

作文与便笺

一页，哪张是第二页，哪张是最后一页。而"作文"就是大致整理好的小册子。有封面、第二页，可能还有第三页，以及最后的封底。要说哪一种状态更容易从脑海中提取出来，当然还是后者。也就是"作文"或者说"小册子"。

写作文，就是把像散落的便笺一样零散浮现在脑海中的想法按照顺序排列、组装整理。如果有什么感兴趣的事情反复在脑海中浮现，写一篇关于它的作文，即使得不到"赞"，也能让自己厘清思路，知道该怎么讲给其他人听，也能给明天的自己省去从头开始回想的麻烦。如果有人觉得"不，我更喜欢各种思绪在脑中纷飞，不想去整理"，对这样的人，我就不强人所难了，但如果是觉得脑子里很乱，想稍微整理一下的人，那我还是建议写作文。

说句题外话，有种介于SNS和企业官方宣传稿之间的东西，就是个人博客。在推特盛行之前，写博客的人远比现在多得多。现在也有ameblog和note等各种各样的博客。我认为写在博客里的文章很接近作文。博客虽然也有"点赞"功能，但不像SNS那样不可或缺。换句话说，即使不那么能引起人们的共鸣，博客上的文章也不会像SNS上的投稿那样，成为会伤害作者的东西。只会让人觉得"啊，这个人在写东西呢"。

有时，也会有一些有趣到让人想加个书签反复阅读的博客文章。这样的文章,既没有与企业等机构进行金钱交易,也没有付费订阅者就内容对写作者发出各种指示,而是出于写作者的独特视角,内容新鲜或有个性。其中一些文章,基本不考虑"被阅读"这件事,即使不给任何人看也无所谓,只是因为有这样的场所(博客)才试着发表的文章。除了课堂作文以外,在我们身边也有这样的文章。所以,写作文并没有那么严肃,也不是离我们日常生活很遥远的事。

如果可以的话,请试着以轻松的心情把反复浮现在自己脑海中的内容整理并写成作文吧。

第3章

作文该怎么写才好呢?

即使没发生什么特别的事，也可以马上写出来的东西

话虽这么说，还是没什么可写的。突然被语文老师要求"请随便写点什么"，但根本就没什么可写的东西。

要说我为什么会忽然开始代入"语文课上被老师要求写自由命题作文时学生的心情"，其实是因为我自己也时常面临相似的情况。对小说家来说，类似自由命题作文的工作，就是完成"请以这样的篇幅自由命题写一篇随笔"之类的要求。说是随笔显得有些装腔作势，其实就是作文。

写到这里，我已经不厌其烦地举了很多与搬家和美味棒相关的例子，虽然是我自己写的文章，但我仍觉得"搬家"其实是一个大题目。搬家很麻烦，生活会因此发生翻天覆地的变化，这在我们的生活中不会经常发生。如果是两手空空地面对"请随便写点什么"这个要求的话，我想最好还是不要打出"搬家"这张牌。

那么怎样才能在不"搬家"的状态下写好自由命题的作文呢？如果有反复浮现在脑海里的事情当然好，但如果连这个都没有呢？那只能回想昨天的事、前天的事，还有再往前些日子的事了。然后找到那些让我印象深刻的事情。我在前面说过，写随笔的工作

和写作文没什么区别,我现在基本上每四周就会接到一次"请随便写点什么"的工作。每次做这个工作都很辛苦。在那些进展特别不顺利的工作过程中,我只学到了"辛苦"这件事,所以每当我想到了好像可以写点什么的话题,或者在生活中遇到让我觉得可以写点什么的事情时,我就会记笔记(关于笔记我会在第4章介绍)。

最近记过笔记的主题是:

- 5月穿短袖的话,有时候会感觉有点凉,但盖上被子之后就觉得温度刚好,很暖和,因为这样可以轻易地获得幸福感,所以休息日都会尽可能地穿短袖。结果因此感冒了。
- 支持的体育选手在Instagram[6]上狂发美景的照片。
- 为了制作发票,久违地打开了电脑,杀毒软件提醒"在你没碰电脑的这段时间,有这么多事情没做",并提出了各种各样的建议,看起来好像电脑的主人已经不是我,而是杀毒软件了。

虽然都是一些小到连讲给朋友听都觉得不好意思

---

6 一款应用于智能手机的图片分享社交媒体。

的事，但还是写了下来。语文老师也是，如果给学生出了"请随便写点什么"这种对出题人来说很简单，但对答题的人来说很难的题目的话，那么我希望你们在文章中看到类似前面写的这三件无关紧要的小事时，也可以发自内心地接受。

怎样展开话题？

如果碰到"请随便写点什么"这种难题，不管写什么都行，总之，要先动笔。这就是我在第1章里讲过的"其实也可以说只要能从山脚出发的话，怎样都可以。"接下来我想就此展开讲讲。

我在前面的章节中说过，写作文就是在"因为房租太贵，所以只能吃PB和美味棒"与"但是也并没有什么不满"这两点之间加内容。但是，即使没有想到"但是也并没有什么不满"这个结论，即使不太确定自己的心情，其实也能写作文。也就是说，不必决定好怎样结尾再动笔，可以先就"房租太贵"这个话题开始写，或者从"喜欢吃美味棒""兴趣是研究各个超市的PB"开始下笔也是可以的。

关键是要把"因为房租太贵，所以只能吃PB和美味棒"这个状况分解成"房租""PB""美味棒"几个部分，再分别针对各个部分展开来写。关于"美味棒"我已经写了很多，这次我想把关于"PB"的想法和可能会写的内容,以及之前思考过的内容都再利用一下,写出来试试。

- 买PB的时候一定要看看包装背面的"制造商",如果是知名企业,就会想"他们业务范围很广啊";如果是没听过的公司,则会想"趁此机会记住他们吧"。
- 某家便利店的巧克力饼干PB是S公司承制的,另一家的巧克力饼干则是Y公司承制的,不管哪个都很好吃。
- S公司的自家品牌最近推出了因卡通形象而火爆的新商品,很好吃。
- Y公司也同样,以与巧克力棒完全不相称的商品名博得了人气。

在类似这样思考的过程中,脑海中会浮现出承制PB的公司努力制作巧克力饼干和巧克力棒的样子吧。

然后把这些想到的事情,代替"但是也没有什么不满",原封不动地写进文章最后就好了。"简直就像巧克力饼干的战国时代啊"。也许有人会想,这样的结尾真的好吗?只要这是你真实的想法,就完全没问题。

试着写写感觉好像
能写点什么的事

写到现在，好像会让大家觉得不管从什么事情开始写，我只要开始写了，就能顺利写出作文来似的。然而，就像我在回避"房租"这个话题一样，对我自己从一开始就不怎么关心的话题、没有思考过的东西，我基本上什么都写不出来。例如，我不会写珠宝，不会写潜水，也不会写大厦公寓。还有其他很多东西我都不知道有什么可写的，其实我真正能写的内容非常少。

既然如此，与其探究自己不会写的东西，不如直接去寻找数量更少的、自己会写的东西，这样更快一点。我前面说了，对不关心的话题、没兴趣的事物、完全没思考过的东西，我基本什么都写不出来；反之，对我关心的话题、感兴趣的事物、认真思考过的东西，我基本都能写，我想大家也是如此吧。

为了能做到"无论如何先从山脚出发"，我们应该去找出什么是自己关心的、感兴趣的、经常思考的东西。你有什么感兴趣的东西吗？或者不是东西，那些正在发生的事、已经发生的事、日常生活中在意的事，其中有让你感兴趣的吗？我想大家读到这里，应该已经发觉了，我因为对"美味棒"和"PB"很感兴趣，所以才能写出文章来。

对此，我想可能有人会有"你这家伙就只会写食物吗？"的想法。但是，如果有人这么说了，我可能就会反驳："我会写食物不就行了吗！就先写食物呗！"要是对方再反驳："但我没有喜欢的食物啊！"我可能就会回答："那就写写昨天晚饭吃了什么呗！"

比如，昨天晚上什么都不想做，随便买来吃的速冻章鱼烧，该说好吃还是难吃呢？章鱼烧内层的馅料或许还说得上好吃，可是外层一点也不脆，吃着不像章鱼烧的口感，味道却的确是章鱼烧，所以也算是满足了想吃章鱼烧的欲望吧，不过吃不到那种脆脆的口感，还是有点不满。要说食物的美味，味道本身固然很重要，但口感也是不可或缺的。

彻底思考喜欢的事

2015年，一篇题为《天妇罗》的作文在高中生论坛"来自17岁的留言"的竞赛中获得金奖。直到现在，这篇作文仍然在社交媒体上很受关注，在网络上被广泛阅读，而它的主题就是食物。乍一看，这只是一篇讲自己想吃天妇罗的文章，但分析一下的话：

- 想怎么吃天妇罗？
- 想怎么搭配不同种类的天妇罗？
- 吃了天妇罗以后，自己会有怎样的心

情呢？
- 现在是带着怎样的心情写天妇罗的事的？

这篇作文从各种角度毫无保留地写了有关天妇罗的内容，即使是不怎么喜欢天妇罗的我，看完也会想吃天妇罗，真的是一篇很棒的文章。

我想，"除此之外没有能让我这么喜欢的美食了"的这种心情也好，喜欢的游戏、偶像、球队也好，当然都是可以写的。自己喜欢它的什么地方，因为什么契机而喜欢上它，因为喜欢它而产生烦恼和麻烦、乐趣和喜悦等，我想，在思考这些的过程中，自然就知道要写什么了。

试着用自己的方式认真思考一下自己喜欢的东西，这可以成为让你能够思考其他事情的契机。我个人认为很重要的一点是，暂时忘掉别人说过的关于那个你喜欢的东西的话，试着用自己的头脑从头开始思考。即使结论和别人相似也没关系，这也不能说明你和别人就是一样的人。对于其他事物，其他人可能会有与自己不同的感受，而在这样反复思考的过程中，人就会逐渐形成个性，变得越来越了解自己。不好意思，稍微有点偏离作文的话题了。

我觉得，如果能针对自己非常喜欢的东西思考和写作的话，那么对那些一般喜欢的或有点喜欢的东西，也可以思考和写作。虽然可能没多少人想写，但关于讨厌的东西其实也能大致写出来了。另外，即使是与个人喜好无关的课题作文，只要不是和自己太合不来的主题，我想我也能做好写文章的准备。先试着从喜欢的事情开始，来思考一下"自己对此是怎么想的"吧。

我想补充一句，我之所以写不出关于"大厦公寓"的文章，是因为我对大厦公寓既没有什么好感，也没有什么负面感情。为了慎重起见，我搜索了很多高中入学考试的作文题目，确实也没找到以"大厦公寓"为题的范文。就算是自己完全无感的东西，也要按照要求去写关于它的文章，我想在上学阶段还不至于需要面对这种事。所以，暂时就尽情地去思考自己喜欢的东西吧。

如果暂时还没有什么喜欢的东西，也可以从最近的晚饭、放学回家路上的见闻开始思考。如果这些也没有，那么自己想看的东西也行，思考什么都可以。思考是自由的。

天妇罗
大阪府立茨木西高等学校 山崎雄 著

现在，我想吃天妇罗，想吃刚炸好的热乎乎的天妇罗。

我想夹着它在金黄色的高汤里轻轻地蘸一

下，轻到天妇罗的外皮都不会变软的程度。

然后我想在高汤里放入萝卜泥来提升口感。

我想按照我的偏好，用炸鱼天妇罗蘸盐吃。

这里，我要特意走一条被一般人认为是邪道的路线，蘸咖喱盐。

红薯天妇罗，我想什么都不蘸就那么大口吃。红薯的甜味会在口中迸裂开来。

我想听炸天妇罗时的声音。"滋啦——滋啦——"这是多么让人胃口大开的声音啊。

虽然我现在正坐在教室里写作文，但真想抛下一切，推开学校大门，逃学去天妇罗店。

然后，我想吃天妇罗。如果吃得嘴里感觉有点腻，就喝口绿茶爽爽口。

然后，我要接着吃天妇罗。我做梦都想吃天妇罗。

天妇罗，是非常厉害的食物。因为它拥有会让人这样满脑子都是天妇罗的神奇魅力。

最后，现在，我只有这一句话想说：我想吃炸虾天妇罗！！

（大阪经济大学主办的高中生论坛"来自17岁的留言"2015年金奖获奖作品）

第 4 章

做笔记吧

想到了什么的话就记个笔记

思考是自由的,但好不容易想到的事,如果忘了,就没法拿它来写文章了。

顺便说一下,我是一个非常健忘的人。如果我要在超市买四样东西的话,到最后八成会想不起来最后一样是什么。即使冰箱里还有食材,我也经常想不起来,觉得"今天没有什么可吃的啊"。就算是喜欢的事情,我也经常忘记。因为硬盘录像机的容量很小,所以如果有无论如何都想看、想录下来的节目,就必须先把之前录的内容删掉。虽然知道这一点,但每次不是决定不了该删哪个节目,就是忘记了先删除再录像。于是总是出现录像失败,只能面对"剩余0:00"的提示垂头丧气的情况。

该怎么办呢?只有做笔记了。

虽然我对大脑活动并不是很了解,但我认为"回想"和"记忆"是很难同时进行的。就好像,即使在哪里读到过"承久之乱"是发生在1221年,即使当时把这件事记在脑子里了(知道了),但当被人问到"'承久之乱'发生在哪一年"时,还是不能马上从脑海中找出(回想起)答案。如果能马上回想起想写进作文里的东西的人当然没问题,但我很难做到边记忆边回想,所以针对想记住的事情,我会采取专门的行动,也就是做笔记。

我经常记笔记。无论在生活还是工作中，记笔记对我来说都是像生命一样重要的事。如果有人对我说"不要记笔记"，那我写作的完成质量，不开玩笑地说，肯定会下降到目前的10%以下。生活可能也会变得非常不便吧。除了"今天吃章鱼饭"和"买鸡蛋、牛奶"以外，我只要想到什么事，不管是多么无聊的事都会记下来。越是无聊的事越要注意做笔记。那些小事，只要不具有特别有冲击性的内容，很有可能会被忘记。如果你读过我的文章，就会发现，我的工作就是从无聊的、无足轻重的想法出发去写文章。

该怎么做笔记呢？

内容有多无聊暂且不论，我认为做笔记是个不错的习惯。在笔记里写什么都可以。我的笔记里常常是吐槽，还有很多抱怨。但是，当我重读的时候，有时会感到惊讶，觉得没必要说到这个份上吧，有时又会觉得和当时的自己产生了共鸣，不用再对别人说也能得到满足。如果写得太多，就会被自己说过的坏话说服，对现在已经没有什么负面感情的事物也会重新产生负面情绪，所以要时常重读自己写过的笔记，删除那些太过无理取闹的内容。不管怎样，因为现在的自己会和昨天的自己产生共鸣，所以那些坏话，特别是关于某个特定的人的坏话，即使不和其他人讲也能得到满足，我认为这是一件好事。为了让别人倾听自己的不满，就在社交网络上随意发布内容，这也会成为麻烦的根源。

好像变成在讲"坏话要记在笔记本上"了，所以接下来我会把今年年初写的东西抄下来一些，大家可以看看，除了坏话，我还在笔记本上记了些什么事情。

- 在喜欢的电视节目里出现了一家游戏厅兼路边餐馆，店里有超多自动贩卖机，每台机器上都贴了各种提示贴纸，非常有趣。"这台机器坏了，但×××把它修理好了""本机器不出热水，请使用热水壶"，等等。
- 某部电视剧里，跟踪失败的巡察部长正在担心一会儿不知道要被骂成什么样，感觉很可怜。因为这个巡察部长是一个充满热情的角色，很希望能为他出一部衍生剧[7]。
- 有位运动员在没有比赛的时候，几乎每天都会往Instagram上传当天看到的美景的照片。
- 关于正在听的专辑的感想。这首、这首和

7　衍生剧（Spin-off）：和原作的故事主线不同的外传。一般是原作配角做主人公的故事，或者深入挖掘主线剧情中一笔带过的情节。

这首都挺好听的。
- 关于经常看的MV的感想。

第三条是不是好像在哪里看到过？我在第1章中提到过，最近接了一个写随笔的工作，那篇文章里就有这个内容。每天写进笔记里的东西，都被我活用在了随笔写作的工作中。

总之，要随心所欲地多多做笔记

做笔记对写作很有帮助。也许有人会反驳："可是，有时候课上老师突然要求写作文，我根本没办法拿出笔记来看。"其实只要做过一次"记笔记"这个动作，有时就能回想起自己写过什么。从"当时写的笔记内容已经想不起来了，但吃过的点心倒是能想起来"这样的记忆线索出发，也许也能够回想起自己记录过的内容。记忆基本上是连在一起的。因此，不要说"不能马上拿出来的话就没有意义吧""反正都想不起来了，根本没有意义"这样的话了，请试着去做笔记吧。

笔记的形式其实怎样都可以。可以买记事本把想法都写上去，可以在学校的课程讲义背面零散地写下来，之后用回形针集中起来；可以把想法写在手上或胳膊上，再拍成照片放进手机里，也可以录音或拍视频。

将这些内容通过社交媒体等途径展示给别人看也不错,但我更推荐"绝对不给别人看"。因为这样你就可以放开随便乱写。如果"随便乱写"这个说法让你感觉不舒服,那就换成"因为这样你就可以自由地写"。总之,不要在意别人的眼光,想到什么就写什么。

我在手机里建了一个名为"MEMO"的文档,什么都往里面写。记录软件我用的是文本编辑器,反正只要是能写字的软件都可以。也有人用电子邮件的草稿箱来存笔记。

近两年,我会在笔记开头输入"今天""现在"来记录日期和时间。至于笔记中的内容,我在前面也讲过一些,最近认真写的内容如下:

1. 正在追的电视剧的剧情进展、感想。
2. 叠T恤的时候,把衣服放在洗衣机上叠会比坐在地上叠更轻松。
3. 数正方形钩针杯垫上的针数和行数。
4. 某首歌曲的前奏太好听了,到了让人毛骨悚然的地步,但听完全曲感觉也没好到那个份上,安心了。

就是这样的内容,以及我确实是个不怎么样的人

(一直在说这件事)。第4条特别让人摸不着头脑对吧?我自己也完全搞不懂当时为什么会琢磨这种事。搞不懂的事就先记下来,可以促使自己经常去思考。

支撑心灵的笔记

总之,我建议不要去挑选写作的内容。"这有写的价值吗?"请暂时抛弃这样的疑虑,把突然想到的事、回想起的事,或者只是电视剧、动画、广告的观后感也可以,和朋友讲过的事也好,一些对生活有帮助的信息也好,无论什么都好,先试着写下来吧。写完以后,如果觉得没有留下的价值,比如内容过于糟糕,自己重读的时候也觉得很不舒服,或者仅仅是已经过时的内容,就应该果断删减或删除。

我在前面提到过,重读的时候,会有种现在的自己在和过去的自己共情的感觉,心情很好。不过这只是我的建议,不重读的话当然也没关系。

如果有人不想写在手机备忘录或记事本之类的地方,希望更加认真地带着兴奋的心情开始写作,那么,我觉得可以尝试大胆地买一个贵的笔记本,用自己喜欢的颜色的笔在上面写字。我自己也是,在什么都往"MEMO"文档里写之前,我会用各种颜色的钢笔在自己喜欢的笔记本上记很多笔记。我在笔记本上做了5年的笔记,好几本小说都是从这些笔记中诞生的。

稍微换一下形式,手写笔记写下的内容会更有条理。虽然躺着也能写的手机"MEMO"用起来非常方便,不过,就是因为太方便了,真的经常会轻易写下"我真是没救了""为什么那个人要说那种话?"之类的内容,因为这些东西重读的时候只会让人泄气,所以我想尽量恢复手写笔记的习惯。

我讲了各种各样可以记笔记的地方,其实只要可以写字,真的,写在哪儿都没关系。就算写的东西不能直接用在文章里,也完全没关系。

说起来可能有点深奥,但这种把自己的想法写下

笔记的内容是自由的

来的行为，会成为心灵的支撑。这会让我们获得一种自立的状态。在这种状态下，我们会有一种感觉，就像一直有人在身边听自己说话、帮忙整理自己说的话、夸奖自己说的内容（即使没有夸奖，自己也不会因此生气或难过）。说得极端一点，就是不需要妈妈一直陪在自己身边听自己说话，也不需要强迫别人成为听自己说话的"妈妈"。我认为这种自立的状态是与自由这种珍贵的东西联系在一起的。

开始记笔记的话就能马上自立吗？倒也不是。我有时候也希望能和别人产生共鸣，即便如此，需要"像妈妈那样的人"的时刻还是大大减少了。如果你是一个经常听别人说话的人，就保持这样可能也不错，但笔记的作用是让现在的自己、未来的自己都能听自己说话，它能帮助你更轻松地独自记忆和思考。

不整理笔记也可以吗？

看到这里，责任编辑对我提出了这样的问题："把所有内容都直接记下来是很好，但如果没有索引，不是很不方便吗？"

我基本上不使用索引，只有感觉会用在工作中的必要的内容才加上"小素材""随笔用""★生活上的注意事项"等简单的标题，然后使用文本编辑器的搜索功能来查找笔记。在手写笔记时，如果有觉得重要的内容，我会使用不同颜色的索引贴来区分，比如"黄色是对生活有帮助的信息""粉色是小说的创意"等作为参考。

添加主题、贴索引贴等工作，可以在做笔记的同时或之后进行。不过，如果记下来的时候不知道该放在什么主题下面，请暂时搁置这种迷惑，先记下来再说。笔记最重要的是内容。之后再整理也可以。

我不推荐按内容分类的文件、笔记本和备忘录，因为很容易在纠结"放在哪里好"的时候就忘记了想写的内容。我觉得之后再把积攒下来的笔记转移到不同的文件或文件夹，或抄写在不同的笔记本上，这样的做法更好。我也会把食谱笔记单独放到一个文件里保存。

第 5 章

试着开始写吧

开头很难写吗？

本章的主题是"开头"，也就是作文的第一句话要怎么写。一般来说，文章的开头是很难写的。作文是这样，小说也是这样。这篇文章的开头，就是"本章的主题是'开头'"这样完全没花心思的句子，让我忍不住对自己有了点"这也太轻松了吧！"的气愤。就这样，你还要给大家讲"开头"吗？

那么就稍微思考一下，改改开头吧。我马上想到了以下四种：

1. 开头很难写。
2. 一般来说，文章的开头是很难写的。
3. 我很不擅长写开头。
4. 真的有很会写开头的人吗？

1虽然很普通，但写出了自己的真实感受。2就是直接用了这篇文章的第三句话。3看起来和1很像，但更加强调了自己的苦恼。4则是给人一种写开头真是太难了，于是忍不住发出反问的感觉。

首先我们能注意到的是，每句话里都用了"开头"这个词。很明显，这就表明"反正只要把那篇作文的主题写进开头的句子里，就能写出来"。

我试着思考怎么不使用"开头"这个词的同时，

来写出关于开头的句子,结果如下("第一句话""文章开头""动笔方式"等与"开头"意思相似的词语也尽量避免了):

5. 不知道该从何说起,让我非常苦恼。
6. 大家都是怎么写的呢?
7. 我迟迟下不了笔。

感觉怎么样?我试着思考了10分钟,结果还是很勉强。看起来已经惨败了。虽然这么说有点厚脸皮,但我的职业只是和大家谈谈作文的写作方法。也许能写得更好的作家多如繁星,但对我来说这就是极限了。

开头"我的房间里有果蝇"

因此,我建议你们在开头的那句话里,开门见山地写出作文的主题。如果是小说的开头就不一样了,但这本书是关于写作文的书,所以我认为简单点把想写的主题写在开头就可以了。

举个例子,我的工作需要每月写一篇随笔(和作文没什么两样),最近一篇写的是关于房间里很长时间里一直有果蝇的事,那么我就以"我的房间里有果蝇"作为开头了。实际上,因为写了一点和搬家有关的内容,所以最后用的是不同的开头,但我认为基本上这样写就可以了。前一篇的内容是因为每天都做很多冰,所以对冰的生产量有了自信,开头就写了"虽然一直没有自信,但是最近对冰的生产量有了自信"。"一直都没有自信"这句话是多余的,你也可以把它当成文章的装饰。其实不写这句也没关系。

这两篇散文的开头,大致来说就是分别由"我的房间""果蝇"和"冰的生产量""自信"两种要素构成。整理一下再看,可以发现两种要素之间存在着"主从关系"。第一篇中"我的房间"是"主","果蝇"是"从",而第二篇中"冰的生产量"是"主","自信"是"从"。

哎呀,本来要动笔的压力就很大了,还要把两件事同时拿出来写,根本做不到啊,可能你们会有这种感觉吧。有没有以更少的劳力和压力来想开头的方法呢?还有时间限制,必须赶紧动笔写作文才行,这种情况下,到底应该用什么样的句子做开头呢?

如何写出像开头一样的句子?

现在,先稍微冷静一下,把作文稿纸翻过去。然后,先以我那篇写果蝇的文章为例,试着像以下所讲的那样一点点构思:"我现在要写关于果蝇的文章了"。

真的写下"我现在要写关于果蝇的文章了"也可以，毕竟写作文也不是什么一生一次的事，但每次都这样开头难免会感到厌烦，那就稍微加工一下，试着让它变成更看得过去的文章吧。

1. **我现在要写关于果蝇的文章了。**
2. **我的房间里有果蝇。**
3. **果蝇已经在我房间里待了3天了。**
4. **我和果蝇同居3天了。**

仔细看这几句话，可以发现信息量是按照 1→2→3 的顺序逐渐增加的。2补足了"我的房间"和"有（果蝇）"的要素，3还追加了"3天"这个信息。再增加点字数的话，3还可以写成"我的房间里有果蝇。它已经在这里待了3天了"。

4把"我的房间里有××"这种状况换成了"和××同居"这种说法，用了一种会让人不禁产生"说什么呢？"这种感想的写法。如果是在语文课上写作文，我想可以不加工到这种程度；但如果能写成这样的话，可能会别有一番乐趣。

不仅是"果蝇"，关于"冰"的文章，也可以如法炮制。

1. **我现在要写关于冰的文章了。**

2. 我制作了很多冰。
3. 我每天都制作很多冰。
4. 最近，我对冰的生产量很有自信。

像写"果蝇"的时候一样，一点点增加了信息量。2增加了"（我）制作了很多"，3则增加了"每天"的要素。

4把"每天都制作很多冰"换成了"最近对冰的生产量很有自信"这种说法。

即使最后用的不是"我现在要写关于××的文章了"这种开头，但我想，"我现在要写关于××的文章了"这个开头，是不管多不会写文章的人都能不假思索写出来的句子。在此基础上再加入信息的话，就可以写出更像开头的句子了。

试着从第零句开始写吧

请先在作文纸的背面，或者其他空白处用铅笔写上一句"现在我要开始写关于果蝇的事"，我提出的这句话，是写在开头之前的句子。如果开头是第一句的话，那这句话就是第零句。之所以让大家写这句话，是因为如果先有了它，写出可以用作开头的句子不就变得更容易了吗？在用铅笔写下的第零句"现在我要开始写关于××的事"的下面，一条一条地加入更多信息,这样就能写出能够用作开头的句子了。虽然这样会占用一点时间,但比起盯着作文纸上的白色方格苦思冥想,只在脑子里构思文章,我认为这样是能够减轻负担的方法。针对"开头"这一相对困难的对象,可以先制作辅助轮或辅助线。在作文纸上顺利写出文章后,用橡皮擦掉之前拿铅笔写的句子就可以了。

  这样一想,作文的开头可以说很难,但也可以说很简单。我自己认为,虽然写开头很难,但也不是作文中最难的部分。写作文的时候,比写开头更让人发愁的是"无事可写"的状态。考虑到开头是在还有很

先用铅笔试着写开头

多内容要写的状态下写下的第一句话,比起"无事可写",写开头并不难。

不过俗话说"万事开头难",写作文也是如此。大家可以按照我的提议,从第零句开始逐渐扩展试试,只要静下心来,告诉自己"写开头并没有那么难"就可以,请下定决心动笔写写看吧。只要写完开头的第一句话,接下来的第二句就会变得很轻松了。

作文示例1

(随笔)虫子的志向

从独栋搬到公寓的好处之一,就是屋里不怎么进虫子了,但前几天,我打扫完房间开窗通风的时候,有果蝇飞到屋里来了。

每天都能看到几次飞过的果蝇,每次看到,我都一边祈祷不是雌性果蝇,一边赶紧把剩菜收拾好。有时我也会疑惑,刚刚看到的和昨天的是同一只吗?我猜也有可能进来了好多,我每天看到的都不是同一只,于是赶紧查了一下果蝇的寿命,得知果蝇的寿命一般为一到两个月,我想那估计是同一只吧。

屋里进了果蝇之后,为了不招来更多果蝇,我就不开窗了,但是对屋里这只来说,没有出口就成了大问题了吧。我想果蝇进入人类的房间绝非上策，不过以果蝇的大小来考虑，能进入人类居住的宽敞空间，也不用为食物发愁，就这样舒服地活到寿命结束，可能要谢天谢地了。如果我是果蝇的话，可能就会对它产生"这家伙也太没志气了吧，还是自由更重要啊"的批判，但果蝇的世界里对此是怎么评判的呢，作为人类，实在是想象不出来。

前几天看环法自行车赛的时候，果蝇出现了，我猜可能因为20赛段非常有意思，所以它也想看吧。在以前写的散文里，我提到过和蛾子搭话的"前科"，一个人孤独太久，过早地和虫子站在一边似乎很危险。

差不多快受够了和果蝇的同居生活了，于是我去买了果蝇诱捕工具。果蝇消失了，但是诱捕器里也没看到，虽然也不至于担心它到底在哪儿做着什么，但还是有点想要知道它的消息。

出自连载散文专栏"隔壁的乘客"（《朝日新闻》2021年8月4日晚报）

第 6 章

传达信息的文章是什么样的？

写清信息要素

写到这里,我觉得我已经就作文写了很多了,那么我写出"传达信息的文章"了吗?我完全不清楚。

说穿了,从作者的角度看,完全无法判断自己是否写出了"传达信息的文章"。之所以断言"完全",是因为自己写的东西自己能否理解和自己写的东西别人能否理解之间的差别大概就是100和1的差别。

比如,人虽然知道自己在想什么,却不知道眼前的人在想什么。即使对方和自己的距离只有30厘米,也只能提问"你在想什么"。如果对方简单明了地回答"是这样的",那么我们就能理解对方的意思。写作就是为了让对方理解,用句子来说明"是这样的"的工作。

那么,到底该怎么写才能让"是这样的"更清晰地传达给别人呢?我自己在读别人的文章时,那些让我觉得容易理解的,首先是清楚地写明"发生了什么"的文章。关于运动会的作文就是"开运动会了",关于和朋友出去玩的作文就是"和朋友去卡拉OK了",关于游戏的作文就是"在玩《我的世界》",就是写出这类信息的文章。

当然也有没有明确的"发生了什么",而是写"每天所想的事情"这样的文章。例如,第3章中介绍的那篇关于天妇罗的文章就是如此。在这样的文章里，可以写"我喜欢天妇罗"；如果不喜欢天妇罗，也没有特定的事件、场所或对象，就写写"最近天气变热了""天气突然变冷了"之类的。还可以进一步写"因为天气变热了，所以我有了这样的感觉""因为天气变热了，所以世界看起来有了这样的变化"之类的内容。

什么是必要的信息？

回到运动会、卡拉OK和《我的世界》的话题上，我觉得写下来会让人觉得很亲切的内容是，"5月有运动会""最近经常去卡拉OK""最近两年都在玩《我的世界》"之类的关于时间的信息。说到文章中应该写到的信息，我本来想试着用英语的"5W1H"（when/where/who/what/why/how）来正经说明一下，但还是决定作罢。因为运动会一般是在学校举行的，没有必要明确写"where"（在哪里）（如果是妹妹学校的运动会就另当别论了），而到底在哪里玩《我的世界》也不是很重要（如果是在补习班上课时玩的话就另当别论）。

因此，至少要在作文中说清楚情况，也就是"what"（何事）。如果想让读者有亲切感，就要写出"when"（何时）。此外，如果再写出与之相关的"how"（如何），作文就会更有风格。之后还可以根据需要添加"where"（何地）、"who"（是谁、和谁）等信息。

1. 开了运动会。
2. 5月开了运动会。
3. 5月开了运动会，好开心。
4. 5月开了运动会，我参加了障碍赛跑。好开心啊。

如果能写的话，作文中最有趣的信息其实是"why"（为什么）。以这篇文章来说，"开心的理由"就是"why"（为什么）。例如，"我参加了障碍赛跑，很开心"这句话，可以写成"在平衡木上失去了平衡，差点掉下去，但我还是坚持跑过去了，所以很开心"。像这样去思考一下你的感受和相关的理由，然后把它写下来吧。

简单地说，作文就是把"对什么、何时、何地等状况的说明""由此产生了怎样的感受""为什么会有这样的感受，自己有什么思考"写下来。按照这个思路，不知不觉就写出来了。

实感很重要

我在读别人的作文时，有些文章之所以会让我觉得很有共鸣,是因为它写出了作者的实感。很难解释什么是实感,但作为读者,我认为实感就是会让我感觉文章"写的是真实的东西"。我的打字机内置有词典,其对"实感"的解释是"接触现实事物时获得的感觉。仿佛接触到现实事物的感觉,或者类似的感觉"。

如果断言实感是"接触现实事物时获得的感觉",那么游戏、漫画、电影等内容就不能写了,所以这里说的"现实事物"并不是指作文中要提到的事物,而是说实际存在的"写作者的内心"。所谓"接触写作者的内心"的写作状态,就是作者根据自己的感受写出来的感觉。简而言之,就是作者没有说谎的状态,是作者书写自己真实感受的状态。

我在读别人的文章时,如果它让我觉得"这个人真的有这样的感受啊",这样的文章基本上都很有趣。即使文章的结构有些粗糙,读起来也是很有趣的。写真话的粗糙文章的反义词,就是写假话的漂亮文章,以我非常主观的感受来说,那就是无聊的文章。

可能有人会想,写真实的东西明明很简单,为什么要特意说谎呢?虽然我也这么认为,但不管是写作文还是在社交网络上发帖,当要给别人看关于自己的内容时,有些人不知不觉就会虚荣起来。想通过文章"让自己看起来更重要""让别人觉得自己很好"的人就会做这样的事。不管是谁,都想让自己看起来更重要,都想让别人觉得自己很好,这样一想,就会觉得"故意说谎"也并不是那么难以理解的事情。

这样其实也没什么,但我个人觉得这样的内容"很无聊",是无法把情感传达给读者的。为了写出能够传达心意的文章,可能要先抛弃让自己看起来更重要的想法。

好不容易有满足虚荣心的机会,不去夸大自己,这样心情会好吗?还是会觉得不开心呢?虽然只能告诉大家我的亲身经历,但如果写的是真实的东西,因而有人喜欢,有人觉得不错,那就绝对不会让我感到不舒服。通过本书中的文章,我应该让大家感受到了我是一个过着多么无趣的生活的人,但如果大家读过之后能觉得"这个人虽然过着如此无趣的生活,却还活得好好的,所以尽管我也没碰上什么好事,但还是努力生活吧",我会感到非常高兴。

真实中蕴含着光芒

写了这么久的文章,我发现了一件事,那就是如果把自己那些无关紧要的事情写在文章里,就会让人觉得那些虽然是无关紧要的事,但并没有被抛弃。虽然要断言这些事"有意义"有点勉强,但会让人感觉"没有意义也没那么糟糕"。

举个例子，我刚才拿到桌子附近、倒进杯子里喝的1.5升的运动饮料，才过了5分钟就不见了，我在桌子周围找了一圈也没找到，心想：哎呀，这么大的东西居然也能丢，自己真是邋遢得无可救药了……就在我感觉有点绝望的时候，忽然发现自己其实挺严谨的，原来是去上厕所的时候下意识地顺手把饮料拿回了厨房。虽然这只是一件让人有点烦躁的小事，但整理一下写出来之后就会感觉很搞笑。我真心认为，把发生在自己身上的事情写成文章，将其"搞笑化"，是让令人烦躁的日常生活变得不那么糟糕的方法之一。

只讲我自己的事太单薄了，而且世上还有很多把真实的事情写得很有趣的文章，所以接下来想介绍一下我个人很喜欢的文章。

第一篇是20世纪前半叶英国作家乔治·奥威尔写的《酒吧与大众》一书的读后感。文章中提到一位女性谈到自己的祖母非常喜欢啤酒。

> 我以前一看到祖母在晚上喝啤酒就很开心。她喝得很享受。虽然下酒菜只是在干巴巴的面包上加了些奶酪，但祖母却是一副享受大餐的架势。祖母说喝啤酒就能活到100岁。她92岁时去世了。

> 乔治·奥威尔著《喝啤酒的理由 世论调查所编〈酒吧与大众〉书评》

看了这一段,即使不能喝啤酒,即使不喜欢喝啤酒,只要眼前浮现出祖孙俩的快乐模样,马上就会产生想叫人"拿干面包和奶酪给我!"这样的心情。

第二篇是20世纪前半叶的法国哲学家西蒙娜·薇依的日记,文章中详细记录了她辞去教师工作后,在工厂工作8个月里发生的事情。她好像是个比较笨拙的人,不太适合在工厂里工作,而且还要和不喜欢的人一起工作。

> 一个劲儿地想快点干。……调节速度是很困难的。因为不能一个一个数。好累,特别是十一点四十五分出门的时候,筋疲力尽(在Prejnik吃饭,放松一下。回到工厂之前的短暂快乐时光……)。
>
> (下午五点半)精神抖擞地回家。整晚都是不停地琢磨各种事情,满脑子都是想法……回想起在Prejnik吃饭,竟让我在傍晚时分心情如此舒畅,但这种愉悦的心情能持续多久呢。
>
> 西蒙娜·薇依著《工厂日记》

Prejnik似乎是售卖统一价格商品的百货商场。虽然听起来有点傻,但是读了这篇文章之后,我越是做着讨厌的工作的时候,越是觉得累的时候,就越想去喜欢的地方吃饭。

这两篇文章都没有刻意夸大自己的意思,也完全没有修饰的成分,但我认为它们都是非常能传达写作者真实想法的文章。

写得漂亮固然算是文章的优点,但写作还能让原本平平无奇的"真实的事""普通的事"经过打磨后焕发光彩。"真实的事""普通的事"也能让人产生"真好啊"的想法。通过写作,我意识到即使是"普通的事",只要真实,就是很有意思的。

第7章

为什么要写感想？

从感想开始写起吧

迄今为止，我写了好几次"写自己的实感吧""试着实事求是地写吧"之类的话。不过，一定还是有人会有这种想法：虽然一直跟我说写吧、写吧，但在自己的生活中，我并没有涌现出想写文章的强烈冲动，即使是实事求是，也不知道应该实事求是地写哪一部分，既感觉不到什么内容有写作的价值，也不觉得写作是一件快乐的事。我也经常这么想。虽然我以写作为生，却过着毫无趣味、一成不变的生活，每天都是一样的日子，已经对什么都没感觉了。或者，即使是暂时感觉到了什么，也会觉得"不想写这个"。

如果觉得"不想写自己的生活"，那我觉得也没有必要勉强自己。不必为了写文章而硬把每天的生活想象出高低起伏的样子。什么大事都没有发生，每天上学、学习、交友、吃饭、睡觉，这样的生活也很好。

如果有人说，虽然在自己的生活中找不到什么可以写的东西，但还是想写点什么，那我建议你把自己的感想写下来。之所以提出这样的建议，是因为我也经常接到写读后感的工作。比起写自己和身边一成不变的事，围绕一本书来写会更有趣，也不愁写不出来。

不管是写关于什么的感想都没关系。漫画也好，电视剧或纪录片等电视节目也好，视频网站的视频也好，都可以去写，甚至体育赛事的观后感也没问题。

对某件事抱有感想

比如，我现在要写关于视频的感想。我工作的时候会在电视上播放时长3～10小时的雨声视频，我觉得YouTube上雨声视频的投稿人大概有一半我都知道，其中既有让我觉得"真不错"的投稿者，也有让我感觉视频"差点意思"的投稿者。首先来说让我觉得"真不错"的视频——雨声很大，并且配上像是从室内眺望窗外下雨场景的画面。这样可以让电视看起来像窗户。下雨的街角或海边的风景我也很喜欢，在雨中徒步的视频也很不错。而让我觉得"差点意思"的视频，可以明显听出雨声循环的连接点，即使雨声再大，搭配的风景画面再美，很遗憾，这样的视频我就是会觉得"差点意思"。

在投稿者中，也有用自己照片当频道头像，在视频开头会先出镜说一句话的人。我知道的投稿者中，有两位让我觉得"确实很懂"的人：一位是戴着牛仔帽的得克萨斯大叔，另一位则是在相当气派的摄影棚里剪辑视频、戴着毛线帽的外国大叔。得克萨斯大叔我不了解，但那位摄影棚大叔好像只靠剪辑自然声音的视频生活。

我对这两位大叔都完全不了解，即使见了面，估计除了"雨声真不错啊"以外什么都说不出来。但我和至今为止没有联系、以后也不会有联系的人之间，拥有了"雨声"这个共同点。想想觉得真的很有意思呢。

　　雨声的视频，还有那些与自己几乎没有共同点的"很懂的人"让我明白，其实自己的生活，就是由这些小小的差异构成的。比如，制作了我觉得很方便所以一直在用的"made in Russia"杯子的俄罗斯人，制作竹制尖牙签的某个日本人。我可能和他们没有任何共同点，但他们都通过好商品与我相连。虽然意识到这一点后，我也并没有产生什么幸福的感觉，但是一想到那些和自己毫无关系的、遥远的人，可能也给自己的生活带来了便利，就感觉无法轻易地舍弃那些与自己毫无关系的人了。

　　对某件事抱有感想，就某件事进行思考，也可以说是对自己周围以及整个世界的思考。我思考着那些发布雨声视频的人，漫画、电视剧、小说中的人物，书里或纪录片里的内容，观看比赛后想象的选手和粉丝的心情，只要停下脚步，试着思考身边的乐趣并产生感想，就能发现自己身边的生活其实和世界息息相关。

读后感要这样写

现在还在上学的人，最头疼的感想文应该就是读后感了吧？我以前也不是很擅长写读后感，但现在因为工作经常要写读后感，所以我想具体地说明一下自己在写读后感方面所下的功夫。

写读后感时，最重要的当然是记住"那本书里写了什么"。但是，书中有很多篇章，要记住全部内容几乎是不可能的。当然肯定也有人会说"我能做到"，但我的记忆力非常差，我想大部分人即使记忆力没有我这么差，应该也很难记住一整本书的内容吧。

为了掌握"那本书里写了什么"，在写读后感的最初几年，我会在书上贴很多便笺。在看书时，突然想到了什么的时候，就马上在那段文字旁边贴上便笺。但是，我渐渐厌倦了贴在书上的便笺，以及便笺把文字遮住的状态，于是我把便笺剪短，贴在书页上方的空白处以防正文被遮住，或者只让便笺从书页上方露出一点点。但最后我还是放弃了在书上贴便笺，因为便笺贴得太多了，反而不知道哪句是真正重要的句子。就算把重要的句子专门换成其他颜色的便笺，结果还是会有不知道哪个便笺是哪个重要句子的情况。

现在我是怎么做的呢？还是要靠做笔记。在此之前，我一直在贴便笺，现在我会打开手机里的便笺软件，记录下页数和简单的内容。比如：

60《马耳他之鹰》中贵妇人的真名其实是布里奇。

★ 69 布里奇没有说任何重要的事情，于是斯佩德对她说："你不知道你自己想干什么吗？"好冷漠。

107 斯佩德讲了一个名为弗利特克拉夫特的男人的故事，他给妻子留下了丰厚的资产后失踪了，在其他地方重新组建了家庭。

108 去吃午饭的时候，路过的工地上掉下来一根横梁，正好砸在他面前，弗利特克拉夫特忽然明白至今为止安稳的人生可以如此轻易地被摧毁，于是他决定出逃。

★ 148 布里奇说"我就是个撒谎精"，斯佩德回她"这么无聊的事有什么好自豪的"。

类似这样。这是我在读《马耳他之鹰》这本小说时提炼内容贴的便笺。加了"★"标志的，就是读的时候特别有感触的内容。其他的，比如"贵妇人的真名其实是布里奇"这种完全只是做个备忘的内容也记了下来。只要读的时候有想要记住的内容，那什么都可以记下来。

因为正好马上就找到了这个笔记，所以就以小说《马耳他之鹰》为例了。当然，即使不是小说，读到想要记住的事，不管是什么事，记下来都是很好的。

我觉得用手机上的笔记软件最方便，当然手写笔记也没问题，打开电脑的文字处理软件，一边看书，一边把突然想到的东西写下来也可以。

有写读后感的工作时，我就会以这些笔记为基础来写。一边重读笔记，一边打开让自己当时有感触的那一页重读一遍，然后把自己的思考写下来，这样重复多次，最后的成品就是一篇包含对整本书的感想的读后感了。

成为了解自己的线索

在本章前半段，我讲了自己对给YouTube投稿下雨天视频的人们的感想，接着又讲了如何写图书的读后感，其实无论对象是什么，产生感想并写下来就很好。对电视剧的感想也可以，对体育赛事的感想也可以。学校课堂或者考试时只要没有指定字数，不管是写30字还是写1000字，只要写出自己想写的分量就可以了。

把自己的感受记录下来，不仅可以了解自己感受事物的方式，还能进一步了解自己是怎样的人。也许你会觉得"我应该是这样的人吧"，其实经常能发现意料之外的东西。即使对自己的生活并没有产生什么特别的感受，但当你看到什么、听到什么、感受到什么、想到什么时，就把自己的感想记录下来，通过这些，你就能了解自己到底是个怎样的人。这到底是不是一件特别好的事，其实我也无法断言，我并没有一贯秉持的想法，只是在不同的场合说出自己当时的想法，每天都活得和昨天的自己完全不同，我觉得这样也许会很轻松。

便笺软件派上大用场

不过，如果有人对你说"我是棒球迷"，但他不止一两次，而是每天都换一支状态好的球队、当天获胜的球队去喜欢，这样的人你能信赖吗？只是棒球的话倒也还好,但如果有人在日常生活的所有事情上,都记不住自己之前的想法,总是改变意见呢?

我并不是说只要把自己的感受和想法记录下来,就能马上得到别人的信任。但是,比起完全不记录,我希望自己可以更容易地回想起昨天的自己是怎样的人。我想,当你觉得某件事很有趣、很喜欢的时候,在你向明天的自己说明理由的过程中,就会明白自己究竟是什么样的人。

第8章

如果想把
文章写得更好

我的修改方法

本章的主题是"如何打磨文章"。"打磨"这个词是我的责任编辑用的,我自己还是第一次在讲如何写文章的时候用这个词。虽然"打磨"这个词可能会让人觉得有压力,但我想如果换成"修改"听着应该就轻松点了。

写好了一篇作文,该怎么修改它比较好呢?先说最实际的,我认为首先要检查有没有写错的汉字和平假名。如果是在平时的课堂上用稿纸写作文,我觉得做到这里就足够了。已经写完的文章,如果在规定时间内还要擦掉重新写,肯定很难办。但是,如果是没有时间限制的私人文章,或者是虽然有时间限制但并非手写的文章,想要在自己能力范围内写得更好,修改也是一项令人烦恼的工作。

我自己平时在把文章交给编辑之前,一定会再修改一遍。先自己重读,然后把重读时觉得有点奇怪的句子重新写一遍。我经常写"虽然……但是……"这种句型的句子,所以修改这种句子的次数也最多。以这篇文章来说。"虽然'打磨'这个词可能会让人觉得有压力,但我想如果换成'修改'听着应该就轻松点了"这句话,就是"虽然……但是……"型的句子。就算清楚意识到了自己的这个癖好,接下来的文章中还是会出现无数这样的句子。

但每次都是一边觉得自己写得真差,一边试图找别的表达方式来掩盖。具体来说,就是像这样去改写:

> 虽然"打磨"这个词可能会让人觉得有压力,但我想如果换成"修改"听着应该就轻松点了。
> →我觉得说"打磨"会让人有压力,(所以/因此)换成"修改"这样的词会更好接受,听起来更轻松。

我想可能有人注意到了,在(所以/因此)这句话中,我把原来的句子一分为二。在修改的阶段,为了让句子更容易理解,我经常会分割长句。但也并不是说长句就晦涩难懂不能写。即使是很长的句子,也有人能写得简单易懂。但是,我认为在没有自信之前还是先选择写短句,这样写文章和修改文章的负担都会比较小。

我还经常做的一件事,就是在同一个句子里写两次主语:

> (我)在天气很冷的日子出门采购,等红绿灯的时候,(我)深切地感到围巾是很重要的东西。

简单地写一下的话就是这样的感觉。在这种情况下，我会保留第二个"我"。要说我是怎么判断的，是因为从句子整体来看我所做的事情是"想"，所以我会保留离它更近的主语。而且其实这一段文字，即使没有"我"也能成立。或许你还觉得那样会让句子更清爽。不管怎样，只要采用自己满意的写法就好。

如何写出更好的文章？

就像本章开头所说，对课堂作文的"修改"，只要检查有没有错别字就可以了。我说的是按照自己的写作习惯进行的具体修改，不过，我认为在写文章时容易犯的错误是千差万别、因人而异的。如果你对自己的文章有"这里好像写得不太好"的感觉，那是你写了很多文章的证明，希望你可以继续写下去。

所谓"修改"，就是把文章"变得比之前更好"，但如果没有"好"的标准，就很难做到。如果"好"这种说法会让人抗拒，那换成"基本"也没关系。就像骑自行车的方法、拿铅笔的方法一样，"基本标准"可以通过接受别人的指导或参照样本来掌握。幸运的是，写作文这件事，不用特别接受谁的指导也能去做。通过模仿范例就能做到。而且，写文章、写作文的范例到处都是。只要是句子，不管其载体如何，都可以是范例。可以是喜欢的歌手的歌词，可以是朋友的推特，可以是网站上的文章，当然也可以是图书馆里的书。

如果"打磨"一篇文章等同于"重新审视"它，那么如何"打磨"整篇文章呢？

一边悠然自得地写着"打磨"，一边对自己的文章是否经过打磨满不在乎，我觉得自己这种态度有点奇怪，所以我换个说法：如果要写出更好的文章，该做什么呢？

大部分事情，只要下定决心去练习就可以了，但是在我看来，写文章的练习是没有具体方法的。因为文章最重要的是内容。即使写得不那么好也能读，只要会写字，谁都能写，没有门槛，这就是文章的优点。比如说，绘画作品的好坏，差异非常大，但文章的水平好坏，我认为并没有前者那么大的差距。世界上画画最差的人与世界上画画最好的人之间的差异，和世界上写文章最差的人与世界上写文章最好的人之间的差异相比，我认为后者的差距肯定更小。

好坏的判断标准比其他领域更难以明确，我想这也是文章的优点。就算文笔不好，只要内容好就行，文笔不好也不是一下就能看出来的。对很多因为做不好而放弃兴趣的人（我也是其中之一）来说，写文章会是一个很好的兴趣。

反复读和写

对那些仍有强烈愿望写好文章的人，我作为写了三十五年文章却还是不知道怎么练习才好的人，想说的只有一句话：反复读和写就可以了。比起光读书，同时也写作更好；比起光写作，同时多读书更好。如果一味地读，就只能成为单纯的读者，这一点我想大家都知道（但爱读书真的很棒）；如果一味地写，会陷入自己习惯的写作、思考、内容展开方式，这样也不太好。

另外，如果只顾着写而不去读其他人的文章，就有可能陷入觉得只有自己很厉害，只有自己写得很好的幻觉。我是这样看待写作这个爱好的，它善待写作者，并向所有人开放。

上一节中谈到了"基本"的话题，如果想让自己的文章写得更好，首先要找到自己觉得"我也想写这样的文章"的作者，让他成为自己的"基本"，这是一条捷径。把"基本"换成"范例"也可以。然后模仿那个人的文章去写。话虽如此，要模仿别人的文章，具体该怎么做才好呢？读文章的时候，如果没有意识地去研究，就会觉得每篇文章都是一样的。只看文章，就能立刻猜出"这是谁谁写的文章吧"，这种事反正我是做不到的。

珍视喜欢的感觉

我不知道自己是否会"模仿",但我可以比较自信地说,只要大量、反复阅读自己喜欢的作者的文章,我就能找到一种让自己舒服的行文节奏。就像喜欢歌曲那样。有人喜欢快节奏的曲子,有人喜欢慢节奏的曲子,也有人喜欢整体节奏很快,但间奏处节奏变慢的曲子,喜欢什么类型的人都有。

另外,我觉得电视和广播里艺人的说话方式,也会让人心生喜爱。在反复听自己喜欢的艺人说话的过程中,自己也会被他的说话方式感染。模仿别人的文章也与此相似。当你想像某个艺人那样说话时,你的内心就会出现一个艺人的缩小版小人;而当你想像某个作家那样写作时,你也该让那位作家的缩小版小人住进你的内心,然后让那个小人来写你自己想写的内容。

要想模仿某个艺人的说话方式,有时一下就能做到,但必须多听、反复听,才能提高模仿的精度。同理,多读、反复读某位作家的文章,模仿的准确度也会提高。我18岁的时候读了库尔特·冯内古特的书,觉得译者浅仓久志的文笔非常好读,行文流畅,读起来很舒服,我就想如果我能写成这样就好了。或许也是因为冯内古特的文章本身行文就非常流畅。虽然我觉得"写得真好",但并没有模仿,只是一边觉得他

"写得真好",一边写自己的。不过我在写作时也多多少少会有和他相像的地方。[8]

想模仿的人有好几位也没关系。让这些喜欢的写作者的缩小版小人住进自己内心,然后让他们组合,这样就能孕育出你的文章的个性。我举了浅仓久志的例子,除了他以外,还有很多我想要模仿的写作者。

我想没人会说模仿他人就能走上提升写作水平的捷径。首先,请多读、反复读那些写下你喜欢的内容的作家的文章,一边想着要像他那样写,一边就自己想到的主题写下去。写完以后,重读自己的文章也很重要。这样坚持一段时间之后,你就会逐渐掌握自己擅长的节奏和文章要表现的感觉。

---

[8] 顺带一提,这本书中的文章,写的时候完全没有模仿任何人。

第 9 章

作文有正确答案吗？

什么样的作文才是好作文？

在这一章，我将对前面写过的所有关于作文的内容进行总结，来谈一谈到底什么是好作文。消除了对写作文的抗拒之后，自然而然就会以写出"好作文"为目标吧。虽然我也不知道自己是否对"好作文"理解得足够透彻，但我也想代入读者的视角，来思考一下什么是"好作文"。

不过，首先要搞清楚"好"到底意味着什么。在这里，我先把打字机里附带的词典对"好"的解释放上来。

好
在优劣、美丑、吉凶、善恶、对错情况下，能给人带来喜悦或满足的一种状态。

我还查了其他的词典，但我觉得这句解释最符合我想表达的意思。总之，所谓"好作文"，就是"能带来喜悦和满足的作文"。

那么，"能带来喜悦和满足的作文"是什么样的呢？我想每个读作文的人会感到喜悦和满足的点都不一样，以自己为例，粗略地思考了一下，我认为写出好的故事（令人感动的故事）、开心的事、有趣的事、引发读者思考的故事的作文就是"能带来喜悦和满足的作文",也就是"好作文"。

试着深入探究"好作文"

我列举了四种内容作为我心目中"好作文"的例子,我认为可以将这四种内容的作文分为两组。至于怎么分类,标准就是"我自己是否能写出这样的作文"。整理如下:

【我自己能写出来的】
· 开心的事
· 有趣的事
【我自己似乎很难写出来的】
· 好故事(令人感动的故事)
· 引发读者思考的故事

首先,从"似乎很难写出来"的这部分开始说明,我觉得好故事、引发读者思考的故事,需要基于现实的素材,所以似乎很难写出来。用"素材"这样的专业词汇听上去似乎有些夸大其词,总之,要写出好故事(令人感动的故事)、引发读者思考的故事,就必须多多积累让自己觉得"好感动啊""真是引人深思啊"的见闻。但积累这类见闻,要么靠运气,要么需要自己四处奔波寻找,难度都很高。如果你身边有那种经历过很多很多让人感动的故事的爷爷奶奶，或者有经常遇到引人思考的事情的哥哥姐姐，也许就不会有那么高的难度了，但我在这里要说明一下：我想说的是即使没有周围人的眷顾，也能写出来的作文内容。

接下来讲讲我认为"自己能写出来的"，难度较低的开心的事和有趣的事。"开心"也好，"有趣"也好，比起让人感动和引人思考，更多还是从自己的心情和感受出发。与"有趣"相比，"开心"的心情更容易受到外界的影响。

"开心"和"有趣"是不同的

"开心"与"有趣"有什么不同呢？即使查字典也很难解释清楚，所以我在下面举了一个相当极端的例子来说明。

> 不管你抱怨多少次，妈妈还是会说你运动量不够。你放学之后还要去补习班，又要做作业，所以除了体育课，其他时间都不运动，但是妈妈比你有时间，而且因为她是大人，所以更清楚自己想做什么，她又是去健走又是去健身房，精力旺盛。于是，当妈妈对自己经常运动感到自豪时，就会纠缠不休地问你："你是

不是运动量不够啊？"即使你说"别说了"，她还是说个不停。圣诞节快到了。妈妈虽然不考虑你的感受，只顾着炫耀自己运动，但她并不讨厌你，所以会买来圣诞蛋糕放在冰箱里。而同时，你已经无法忍受妈妈像蚊子一样，一遍又一遍地说你运动不足，你想反驳她，想提醒她，想对她提出抗议。为此，你想要做点什么过分的、否定妈妈的事情，于是你决定故意把圣诞蛋糕掉到地上摔坏。[9]

这个时候，"你"那种受不了的心情很难说是"开心"，但完全可以说是"有趣"。虽然是非常悲伤的有趣，但我认为这种状况的确属于"有趣"。

妈妈只是有点没心没肺，并不是不爱你，你也不想打她或大喊大叫来让她听你的话，反而想要避免直接的暴力。于是，你想到了破坏在这个世界上被视为幸福标志的圣诞蛋糕，虽然有点绕圈子，但表达了一种无论如何都想把自己的愤怒传达给对方的复杂感情，我想这是"有趣"的。破坏圣诞蛋糕虽然也是间接的暴力，但不管怎么说，你都不想动手，也不想发脾气，只是因为妈妈怎么都不理解你的心情，所以才会想出这种办法。

---

[9] 这个故事部分是根据我自己的亲身经历写的。大概八成都是真实发生过的事。

由此可见，"有趣"的范围非常广泛，在电视上看到的相声很有趣，像例子中提到的这种有点悲惨的事情也很有趣。成年人不愿让年少的人读懂"非常悲伤的有趣"，而我觉得"说起来稍微有点悲惨的事情"也是很有趣的，但这是为什么呢？

"常有的事"有趣的原因

在以上的例子中，我详细描写了该事件和对事件的分析解读，如果从更广阔的角度来思考，你会发现这件事很有趣，因为它很有"实感"。虽然说起来有点悲惨又有点滑稽，但是其实世上有很多不停地唠叨和夸耀自己的妈妈，也有很多绝对不会出手打妈妈但真的很想让妈妈知道自己心情的孩子。或许可以把"有实感"这个说法换成"常有的事"。其实可能并没有几个孩子会真的破坏圣诞蛋糕，但抱有"妈妈的唠叨让我觉得很烦，真恨不得把圣诞蛋糕弄坏"这种心情应该是常有的事吧。总结一下，即使是悲伤、悲惨、愚蠢的事情，只要能让人产生"常有的事"的认同就很有趣。

写"常有的事"的方便之处在于，即使没有实际体验，只要多听别人的倾诉，多观察其他人，就可以收集很多这样的事。有一段时间，我为了写小说，跑到日本各处可以踢足球的运动场，听那里的人聊天，观察他们的样子。用"常有的事"来说，就是耳闻目睹了各种"运动场上常有的事"。那是决定胜负的地方，而且是持续举办联赛和淘汰赛的地方，充满了各种各样的人的各种各样的感情，非常有趣。每个人都在无意中讲了一些有趣的故事，做了一些并没有打算被人看到的有趣的动作。

　　最重要的是"保持原样"。所谓"保持原样"就是真实的事。可能大家会觉得意外，但真实的事其实是很有趣的。当然确实也存在无聊的真实，断言真实就是有趣可能有些牵强，所以我想换一种说法：真实的事情，有很大可能成为有趣的故事。

虽然有点悲伤但很有趣

把真实的事变有趣的方法

怎样才能把真实的事变成有趣的故事呢？我认为方法有很多，我首先想到的就是"了解细节"。即使只是某种程度上的细节也没关系。就拿前面那个破坏圣诞蛋糕的故事来说，只要了解到"圣诞蛋糕"这种程度的细节就可以了。比起"点心""食物"，"圣诞蛋糕"这个表达更好，能传达出既可惜又悲伤的感受。然后是"妈妈唠叨的内容"，以及"对被唠叨的孩子来说，他很难做到妈妈唠叨的事情"。

要想了解细节，就要多看多听。仅此而已。谁都能做到。对象最好是现实中发生的事、风景或者自己生活中的事，但电视节目、电影和视频也可以。在多看多听的过程中，你就会明白自己对什么感兴趣。或许你对哪个艺人正在恋爱或结婚不感兴趣，但也许你对透过车窗看到的城市风景很感兴趣。你可能对流行的美食不感兴趣，但你可能会一直琢磨YouTube上做游戏直播的主播说的"虽然不怕僵尸，却受不了乌鸦"这样的话。我认为，"了解细节"就是通过不断积累关于某件事的见闻，一点点加深对它的认识。

那么，仅凭所见所闻就能写好作文吗？当然不是。但是，在看到或听到自己感兴趣的东西时，就会产生想写文章的冲动，这个时候下笔，作文就会写得很好。而且，作文并不是因为写得"好"才有趣。换言之，有趣的文章不一定写得好。

再进一步讲，并不是写了有趣的事情和内容，就能写出有趣的作文。也就是说，并不是非得写有趣的事情才能写出有趣的作文。当然，写了所有人看了都觉得有趣、稀奇的事的作文肯定是有趣的，但没必要刻意把写出有趣的作文作为目标。我认为，一开始只要多看多听那些让自己开心或者感兴趣的事物，并试着写进文章里就可以了。

如何寻找有趣的事情呢？应该也有人有这样的疑问。我认为与其去寻找有趣的事，不如从仔细观察、认真倾听日常生活中自己感兴趣的事情开始。仔细观察自己周遭的事物，认真倾听，然后，当你发觉自己对格陵兰岛非常感兴趣的时候，就可以在某一天去那里仔细观察、认真倾听。有趣的事情，并不是不花钱就找不到。你可以付费看有趣的电影，也应该享受观看电影的乐趣，但身边的"有趣"都是免费的。

发现有趣的事情不需要资格，写文章也不需要资格。写出好文章的目标也是，如果写作者本身并不刻意去追求的话，也就没有存在的必要。只要把觉得有趣的东西写出来，这篇作文对写作的人来讲就已经是一篇有趣的作文了，就是非常有价值的。

作文示例2

（随笔）大战之后

前几天，秋季文书手续大战开始了。虽然深知自己不擅长一切名为工作的文书事务，但我处理事务的能力真的越来越差，到了令人发指的地步。

用电子表格软件制作账单，填写申请资料，剪下证件照粘贴，写好要寄送的信件，然后在几个信封上写上收件人的姓名。账单有三张A4纸，每张九项内容。我花了三个小时才把这个账单导出并做成了PDF文件。明明只需要在模板里输入二十七行数据。我大概有十年没用电脑做表格计算了，再加上每两周才打开一次电脑，所以杀毒软件似乎在此期间攒下了好多想做的事情，接连不断地提出"想确认一下""想重新启动""那个做了吗？""这个也做一下比较好！"等要求和提案，"那就请吧""那个就不做了""这个我不想做"，我一边这样一一判断，一边怀疑这台电脑真正的主人可能不是自己，而是这款杀毒软件，就这样痛苦地度过了三个小时。

虽然电脑让人不满意，但我自己也没好到哪儿去。信封因为写错字而扔掉了两次。写到第三个信封时,我已经没有力气了,干脆直接划掉改完就寄了出去。这是基于我之前的经历:明明只要顺利找到信纸然后写信就行,但因为之前需要把文件随信寄到工作单位,正好把信纸给用完了,手边只剩下《大便汉字练习》[10]的信纸。大半夜面对这样的状况,我感到茫然无措,第二天赶紧跑去买了一大堆信纸。那时我已经40岁了。这是40岁时会有的正常经历吗?

我从事的是写文章的工作,虽然经常为自己这份工作缺乏专业性愕然,但毕竟不会在工作中被杀毒软件劫持作业工具。我再次意识到,我多么珍惜我的正常工作。

出自连载散文专栏"隔壁的乘客"
(《朝日新闻》2020年12月9日晚报)

---

[10] 日本教孩子学写汉字的畅销练习册系列,主人公被画成大便形状。(编者注)

读书的理由

和博览群书的人相比，其实我读过的书并没有那么多，所以也没有可以跟大家说"读书是件好事，请大家都要多多读书！"的立场，但确实有适合读书的人。我想谈谈我刚开始读书的时候是个怎样的孩子。曾经有过类似情况的人，或者现在正处于这种状态的人，或许更适合读书，所以请不要说"我不想知道"，先继续往下读吧。

我和书的相遇

我上幼儿园的时候，还有更小一点的时候，不是那种有很多朋友的人。我家隔壁住着一个比我大三岁的女孩，虽然她会陪我玩，但总觉得我年纪小，不愿意老和我黏在一起。如果可以的话，她其实想和同龄女孩一起玩，但是离得最近的人是我，所以就和我一起了。这完全是没办法的事，现在想想，觉得好像挺对不起她的。因为我自己也不觉得和对面邻居家动不动就哭的、比自己小三岁的女孩一起玩有什么意思。

我在离老家有点远的地方上幼儿园，幼儿园的朋友们都住在没办法一起出去玩的地方，不坐电车或不开车过去就没法见面，我自己家附近一个同龄的朋友也没有。所以，我只能一直缠着邻居家的女孩。邻居家的女孩也不可能总是乐意和比自己小三岁的莫名其妙的孩子在一起，她和同龄女孩一起玩的时候，我就自己一个人在家里玩。

我喜欢玩娃娃，也有很多彩纸做的娃娃衣服，还经常玩涂色。大概是在上幼儿园的时候，我母亲发现，在这些孩子气的兴趣以外，我还有一个兴趣是读书。于是在差不多同一时期，她给我买了一套全10卷的动物图鉴，首先让我记住片假名，再用平假名写动物的名字，这样我就记住了平假名，然后就可以开始读绘本了。我想，在母亲看来，上幼儿园的我时间花得最多的兴趣就是"读书"。总之，只要给我书看，我就能长时间保持安静。

顺带一提，我母亲是那种完全不读书的人，但是因为只要给喜欢看书的孩子书，就能让孩子保持安静，所以她经常带我去图书馆，也给我买书。除了绘本，也有传记和故事类等文字很多的书。

可以说，就是因为隔壁家的女孩比我大很多，所以我才开始读书了。如果有随时可以一起玩的同龄朋友的话，可能我就不会读书了吧。简单来说，如果一开始拥有了良好的人际关系，可能就不会开始读书了。先声明一下，有很多人即使拥有良好的人际关系也会读书，所以并不是"喜欢读书＝没有良好的人际关系"。只是就我自己的情况而言，离得最近的朋友比我年长，不是可以经常陪伴我的人，所以我才开始读书。

上小学以后，家附近有了很多可以一起玩的朋友，但我还是很喜欢读书。重要性与读书相当的爱好就是游戏。任天堂发布家庭游戏机Famicom的时候，我还在上小学低年级。我一字不落地认真研读游戏攻略杂志，整天琢磨杂志上介绍了但我还没玩过的游戏。我认为游戏攻略杂志也是非常棒的"书"。

我认为与游戏亲和性较高的是轻小说，这种倾向从三十多年前就开始了。到初中二年级，我已经可以阅读游戏攻略杂志上介绍的轻小说了。只是，当时还是轻小说的黎明期，所以数量不多，书的发行速度跟不上我的阅读速度。但是，因为图书馆里有很多书，所以我决定去"开拓"一些"大人才会读的"一般文艺书。因为完全不知道该读什么，所以决定从书名有趣的书开始读。

我读的第一本"大人才会读的"文库本是椎名诚的《我们是古怪探险队》。书里讲的是一群年纪从二十出头到中年的人，平时各自做着不同的事情，但一到周末就一起去无人岛探险。书里描写了他们遇到的各种各样有趣的事情，对还是中学生的我来说，除了内容，还因为"文章写得太有趣了，很好笑"而大为惊喜。因为在那之前，我看书看笑了一般都是因为书的内容。文章、文体能让人发笑，就像听相声一样让人发笑，我从来没有过这样的体验。

从那以后，我就开始读大人读的书了，然后就这样长大了，直到现在。

开篇的时候,我装作若无其事地说"因为离家近的朋友比我年纪大,所以开始读书了",小学以后的事看起来也就是普通的读书经历,不好意思。不过,如果你能感觉到这个人无论是有朋友的时候还是没有朋友的时候都一直在读书,那就太感谢了。因为读书这件事,就是在你无论有没有朋友的时候,都能让书成为你的朋友。

文字书与漫画、动画的不同之处

但是,即使说了书能成为朋友之类的漂亮话,也会有人反驳:"漫画里有画,感觉更好,而视频里的人甚至还能动。与这些相比,书里基本上都是字,太难读了。"我也会很痛快地承认,可能确实如此。在有故事情节的基础上,还有画,甚至还能动,确实会让人觉得很容易接受,而且与拥有绘画和动态魅力的漫画与视频相比,只有文字的书也许的确会给人贫瘠之感。

但是文章,只读文字就可以了,很轻松。轻松?或许有人看到我这么说会觉得纳闷,但与需要在短时间内处理大量信息的漫画和视频相比,文章里只有文字。准确地说,只有文字和由此在头脑中唤起的印象。文章可以让人按照自己的节奏去读,去思考内容，不管是否理解，都可以很轻松地按照自己的节奏前进。

"在头脑中唤起印象"和"自己去思考文章内容"看起来很麻烦，但对适合的人来说就很舒服。例如，想起故事中的登场人物A时，就会去想象，这个人到底长什么样呢？和已经将其确切画出来或者由演员演绎出来的漫画和视频相反，因为针对文字的想象并不确定，所以有多少读者，A就有多少种样子。虽然偶尔也会有把主人公或登场人物的形象印在封面或彩页上的作品，但毕竟不是图画书，还是给读者留有想象的余地。另外，就想象这件事本身，也有"对主人公的脸没什么兴趣，所以就不去想象了"的选项。文字书有很多这种不确定的、自由的地方。

选书的自由，
有书可读的自由

再聊聊有关朋友的话题，我觉得读书、读文章就像听朋友说话一样。朋友在谈论某件事的时候，当然不能重现提到的登场人物或地点，而只能由自己来讲述。可能朋友也会给我看照片或视频来说明是在这个地方发生的事，或者这个人当时就是这么说的之类的，但比起把事情本身录下来给我看，还是朋友自己讲述的情况居多。因此，读书这件事，虽然可能还是有差别，但某种程度上来说就像是听朋友说话一样。对了，或许和听收音机很相似。即使是在用视频讲述故事已经成为常态的今天，比起电视，更喜欢广播的人仍然存在。我认为广播的好处之一，就是有种只要听故事就可以了的亲密感。文章也同样有只要读就行了的亲密感。

因为我童年时身边并没有很多朋友，所以从朋友这个话题开始谈论读书。不幸的是，很多时候，你没有朋友的陪伴，没有父母的爱护，没有老师的指点，没有良好的环境。人际关系中，运气的成分占比很大。所以，有能力按照自己的意愿在一定程度上稳定这种波动的成年人应该尽自己最大的努力，但是，对于同龄的、和自己一样是孩子的朋友，很难轻易说出"为了成为我的好朋友而努力吧"这种话。

虽然很难选择人际关系，但是我们还可以选择去读书，可以选择读什么书。就算这个月的手机流量已经所剩无几，但还可以去图书馆读书。书向读者展示的人物和对事物的思考方式非常多样。读者可以从中选择某个登场人物或某个作者，让他们成为自己的朋友，让他们帮助自己成为想要成为的自己，而不是周围人强加给自己的"要这样"或"不这样就不陪你玩"的不像自己的自己。

当然，漫画、视频、电影、音乐，也有同样的效果。但是，书的优势在于，因为拥有悠久的历史，以及在众多娱乐方式中制作（书写）成本最低，所以兼具多样性与深厚的内涵。而且，因为书籍留存至今经历了各种各样的时代，不管是作者还是书里的登场人物，都有"各种各样的人"。因此，比起"谁都喜欢的红人"，书籍更有可能是那个"完全适合自己的人"。

与读者选择书相反，书并不会选择读者。书不会跟你说"不要读了"。而且，即使不回应书里的内容，书也不会感到失落、悲伤或愤怒。你也可以用读后感的形式去回应。书一直在那里，不会把读者扔下。书会一直耐心地等着你。

所以，如果有兴趣的话，请找时间读一读书吧。

产品经理：邵嘉瑜
视觉统筹：马仕睿 @typo_d
印制统筹：赵路江
美术编辑：程　阁
版权统筹：李晓苏
营销统筹：好同学

豆瓣 / 微博 / 小红书 / 公众号
搜索「轻读文库」

mail@qingduwenku.com